Um Livro da Coleção Raízes da Crabtree

PROFESSOR

ESCRITO POR DOUGLAS BENDER

TRADUÇÃO DE EVANDRO RODRIGUES

Conhecendo Gente

Crabtree Publishing
crabtreebooks.com

Auxílio Educacional para Professores e Educadores

Este livro ajuda crianças a se desenvolverem por meio da prática da leitura. Aqui estão algumas perguntas de orientação para ajudarem o leitor no desenvolvimento de sua capacidade de interpretação de textos. Prováveis respostas estão em vermelho.

Antes da Leitura:

- Sobre o que será este livro?
    - *Este livro é sobre professores.*
    - *Este livro é sobre o que os professores fazem no trabalho.*

- O que eu quero aprender sobre esse assunto?
    - *Eu quero saber onde os professores trabalham.*
    - *Eu quero saber o que os professores fazem.*

Durante a Leitura:

- Por que será que...
    - *Por que será que algumas pessoas se tornam professores?*
    - *Por que será que os professores usam a lousa?*

- O que eu aprendi até agora?
    - *Aprendi que alguns professores trabalham em salas de aula.*
    - *Aprendi que professores ajudam as pessoas a aprenderem.*

Após a Leitura:

- Que informações obtive sobre esse assunto?
    - *Aprendi que professores podem ensinar diferentes matérias.*
    - *Aprendi que nem todos os professores ensinam em salas de aula.*

- Leia o livro novamente e procure as palavras do vocabulário.
    - *Vi as palavras* ***sala de aula*** *na página 6, e a palavra* ***lousa*** *na página 8. As outras palavras do vocabulário encontram-se na página 14.*

Este é um **professor**.

A professora ensina as pessoas.

Este professor está na **sala de aula**.

A professora escreve na **lousa**.

1 2 3 4 5 6 7 8 9 10

A professora está sentada à **mesa**.

Você conhece algum professor ou alguma professora?

Lista de Palavras

Palavras Visuais

as
na
um
é
pessoas
você
este
professor

Palavras Novas

lousa

mesa

professor

sala de aula

34 Palavras

Este é um **professor**.

A professora ensina as pessoas.

Este professor está na **sala de aula**.

A professora escreve na **lousa**.

A professora está sentada à **mesa**.

Você conhece algum professor ou alguma professora?

Conhecendo Gente
PROFESSOR

Escrito por: Douglas Bender
Tradução de: Evandro Rodrigues
Direção de Arte e Visual: Rhea Magaro
Elaboração da Série: James Earley
Revisão: Melissa Boyce

Fotografias:
Shutterstock: ESB Professional: capa; michaeljung: p. 1, 3, 14; wavebreakmedia: p.5; Monkey Business Images: p. 7, 13, 14; Evgeniy Kalinovskiy: p.9, 14; Szasz-Fabian Illka Erikca: p. 10-11, 14

Crabtree Publishing

crabtreebooks.com 800-387-7650

No Canadá: agradecemos o apoio financeiro do Governo do Canadá por meio do Canada Book Fund para nosso trabalho editorial.

Printed in the U.S.A./CP2025

Publicado no Canadá
Crabtree Publishing
616 Welland Ave.
St. Catharines, Ontario
L2M 5V6

Publicado nos Estados Unidos
Crabtree Publishing
347 Fifth Ave
Suite 1402-145
New York, NY 10016

Catalogação na Publicação pela Library and Archives Canada
Disponíveis na Library and Archives Canada

Dados de Catalogação na Publicação pela Biblioteca do Congresso
Disponíveis na Biblioteca do Congresso

Hardcover: 978-1-0398-8133-4
Paperback: 978-1-0398-8494-6
Ebook (pdf): 978-1-0398-8253-9
Epub: 978-1-0398-8373-4
Audio: 978-1-0398-8536-3
Read-Along: 978-1-0398-8578-3